“I VIZI DELLA POESIA”

ANTOLOGIA POETICA 2013

Lulu Press
3101 Hillsborough St.,
Raleigh, NC 27607 | U.S.A.

ISBN : 978-1-291-63452-5
Info: www.irdaedizioni.com

In collaborazione con :
Il rifugio dell'arte
Radiolucrias
www.lulu.com

Copertina: realizzata da Cristian Verdesca
Direttore editoriale: Francesco Luca Santo

PREFAZIONE

Nella vita spesso ci si ritrova a fare i conti con determinate situazioni che sono difficili da controllare o comunque non si è in grado di capire perché capitino proprio a noi.
A volte ci troviamo davanti a persone (amici presunti e non) che in realtà non sono poi quello che appaiono. Spesso determinate sfumature del comportamento fanno parte di noi senza che realmente ce ne accorgiamo, perché riteniamo di essere più che normali e senza difetti particolari ma ahimè, nel bene o nel male, non è così.
Molti di noi però non sanno che tutto questo può essere dettato da un qualcosa che ha un nome ben specifico e cioè il vizio. Erroneamente per vizio si intende l'abitudine: bere, fumare, giocare a carte ecc ma in realtà esistono ben altri vizi che, al giorno d'oggi, sono stati scordati o ancora peggio occultati da una società frenetica che fa apparire tutto possibile e ottenibile; tutto facile e non importa quali siano i mezzi usati per raggiungere degli scopi, anche se questi possono essere realmente pericolosi al punto tale da poter ferire chi ci sta accanto. Questi sono i vizi capitali, e cioè quella serie di tendenze morali e comportamentali che vanno al di là della mitezza, dell'amore, della fratellanza e del reciproco rispetto, per questo dalla chiesa condannati e ritenuti i peccati più gravi per il genere umano.
Anche se credo che in molti di voi sappiano quali sono i 7 vizi capitali, ve li elenco lo stesso:

1) Superbia

Il superbo ostenta sicurezza e cultura e sminuisce i meriti altrui. La sua posizione psicologica è però più complessa: non sempre è realmente convinto di possedere tutte le qualità che lui stesso si attribuisce. Teme delusioni e insuccessi perché rivelerebbero la triste verità che egli stesso sospetta, quella di essere in realtà un mediocre, un normodotato, di rientrare nella media.

2) Accidia

Indolenza, indifferenza: l'accidioso indugia voluttuosamente nell'ozio e nell'errore. Sa quali siano i suoi impegni, ma pur di non assolverli, ne ridimensiona la portata, autoconvincendosi che si tratti di piccolezze e che rimandarle non comporti conseguenze gravi.

3) Lussuria

La lussuria non è la semplice dedizione ai piaceri sensuali. Lussurioso è soprattutto chi si lascia rapire e cullare continuamente dalla fantasie sensuali. La lussuria diventa un vizio quando il costante volgersi del pensiero al desiderio impedisce il normale svolgimento delle incombenze quotidiane.

4) Ira

L'ira non è l'occasionale esplosione di rabbia: diventa un vizio in presenza di un'estrema suscettibilità che fa sì che anche la più trascurabile delle inezie sia capace di scatenare una furia selvaggia.

5) Gola

Il peccato di gola non è la mera ingordigia o la smodata consumazione di cibo, ma il lusso alimentare, la predilezione per la cucina raffinata, la propensione a cibarsi esclusivamente di pietanze pregiate e costose.

6) Invidia

Per l'invidioso, la felicità altrui è fonte di personale frustrazione. Sminuisce i successi altrui e li attribuisce alla fortuna o al caso o sostiene che siano frutto di ingiustizia.

7) Avarizia

Estremo contenimento delle spese non perché lo imponga la necessità, ma per il gusto di risparmiare fine a se stesso. L'avaro si sente un virtuoso e si descrive con aggettivi delicati ed equilibrati: prudente, attento, oculato, parco.

Qualcuno dirà: “ma cosa c’entra la poesia con i 7 vizi capitali?” risposa semplice.

La poesia, come più alta rappresentazione del sentimento e della morale, è capace di scavare dentro l’animo dei peccati studiandoli e trovando nuove sfumature, nuovi punti di vista per apostrofarne la loro essenza. La poesia è e sarà sempre quella grande madre che guarda tutto dall'alto della purezza del cuore e solo così può dare anche risposte oppure creare nuove domande su tutto ciò che oggi è quasi accantonato, come fosse cosa troppo vecchia e di poco interesse.

La bellezza di questa antologia poetica sta proprio in questo, nel rendersi conto di come la mente, l'anima e il cuore del poeta possano descrivere, vivere e far conoscere i mille volti del peccato, con tutto il proprio genio e con tutta la propria spontaneità.

Ciò è solo possibile ai poeti, perché il poeta quando scrive è come un bambino che scopre il mondo ed elabora emozioni e sensazioni ...

"Paola Aglieri"

Avarizia

Come gioco di scacchi
muovi i tuoi giorni
nel percepire ogni desiderio
con calcolo angusto
nel trattenere
con artiglio nel cuore
ogni tuo possesso

Muovi l'alfiere
con dura fierezza
cogliendo nel segno
abbattendo il pedone
soggiacendo con ghigno
al desiderio di ricchezza

Sei solo
sul trono su cui ti sei posto

Sei solo
con compagni dai ruvidi accenti
che cupi e silenti
ti adornano la via
hai ormai dato scacco
ad ogni barlume di vita...
ad ogni sorriso ancestrale...
prigioniero eterno del tuo grigio destino!

Ira

Esplodi
Colpisci
Uccidi

Divampi terribile
tutto avvolgi e travolgi
lasciando
dallo schianto del tuo urlo
un silenzio assordante
che si colora di pianto

Lussuria

All'improvviso solo
i tuoi occhi e niente altro
Mi sono persa nel tuo
sguardo mentre la tua
mano mi sfiorava
Come un gabbiano
segue lentamente
l'onda del mare aprendo
le ali al vento io
ho seguito la melodia
del tuo cuore
abbandonandomi
al suo dolce canto
Così le tue labbra
sulle mie il tuo respiro
la tua forza il mio tremare
alle tue carezze le nostre
mani i nostri sorrisi io e te
persi in un istante senza
tempo senza fine Persi...
all'improvviso...
in un sussurro d'infinito

"Rossana Angeli"

Accidia

A volte nella vita
prendono momenti
da non aver voglia
nemmeno di esistere,
sentire meno il peso
dei problemi che il destino
riserva.
Ho capito che la vita è bella,
vale la pena di vivere
e dire, nonostante la noia,
sorrido lo stesso…

Avarizia del cuore

Ieda

Entrando nella stanza
di un ospedale eccola
nel suo letto.
In quelle quattro mura
non c'è un fiore,
non c'è colore e mi
piange il cuore
quando tenta di
dirmi qualcosa ed io
non riesco a capirla.
Cerco di trasmetterle
la luce del mio cuore
e cerco di farle notare
fuori dalla finestra
le foglie a forma di stella.
Lei guarda e chissà
a cosa sta pensando.
Mi avvicino,
le accarezzo la testa
mi sorride ed altre
volte non vuole.
Ecco la nostra Ieda,
noi l'amiamo per
il suo carattere
fragile e forte.
La stella più bella per
Ieda è lo sguardo
amorevole di suo figlio.

E' la sua migliore medicina.
Ecco il colore dell'amore
che commuove la mia anima
e sono felice di sapere
che Ieda non è sola...

Gola

Gola profonda nel
tunnel senza luce...
terra rossa, trucidata
da uomini di potere
scalfiti dal proprio
ego e dall'egoismo.
I bambini muoiono
per mano di persone
senza scrupoli.
Gli animali sbrandellati
dalla cattiveria umana.
La terra è denutrita
d'amore...
finché tutti
i popoli del mondo
non prenderanno
coscienza di se stessi,
non smetteranno
di uccidersi fra di loro,
non ci sarà mai la pace
nel mondo.
Vorrei che ogni
soldato mettesse
giú le armi e che la
smettessero di uccidersi.
Siete tutte marionette
pilotate dalla gola
del potere.

Invidia

Non mi curo dell'invidia
perché non mi appartiene.
Io auguro sempre il bene
mai mi tuffo in un circolo
vizioso, con giri di parole
che poi si trasformano in
cattiverie... Penso che chi
parla male o trama alle mie
spalle, cercando di screditarmi,
deve temere per sé
perché, poveretta,
si dà da sola la zappa sui piedi
Io alzo lo sguardo al cielo,
sorrido e me ne frego.

Ira

Ira è il sentimento
divenuto rabbia nei miei confronti.
Mentre cammino per la strada
l'occhio della gente
uccide.
Parlano e sparlano.
Io considero tutto ciò solo
Loro frustrazione.
Io non rimugino nella
rabbia, per me finisce
li....gli altri continuano
a lanciare schegge
di male,
ma io mi riparo
e vado avanti per la mia strada...
Tanto il male si sa,
arriva sempre e solo
a chi lo manda...

Lussuria

Sfila via la veste scivola
sul pavimento nella stanza.
Profuma di pelle…
Dalla finestra la luna accende
i corpi che s'abbracciano
e si baciano di passione,
si cercano dolcemente…
Lui le accarezza il viso,
le scioglie i capelli…
Si guardano con luce
di stelle e i corpi danzano
al ritmo del sentimento…

Superbia

Non divorate il tempo
nella fretta e non
date tutto per scontato.
Vivete l'istante
assaporando ogni cosa
che vi circonda, con amore...
fate in modo di risvegliare
il cuore dalla superbia
che incombe sulla terra...
Siamo accecati come talpe
e frastornati dal proprio ego...
per una società ingannatrice
dalle false promesse.
Incominciate da voi a tessere
il seme della compassione
e della gentilezza,
per spazzar via tutto
il peccati della superbia.

"Rosanna Brandolese"

Accidia

Silente insidia
Il corpo e la mente
...l'accidia...
di metastasi mi ricopri
intrappolando l'anima e cuore
dei miei sentimenti ti nutri
aspirando emozioni e colori
lasciandomi grigiore
di un ansima vita
priva di senso...

Avarizia

Non sono i beni materiali
a fare grande un uomo
ma bensì chi nell'anima
racchiude bontà d'animo
colui che si mostra amorevole
verso il bisognoso
con una mano
un sorriso
ma sei avaro
e il tuo pensiero è là...
dentro a quel forziere

Gola

Di leccornie e manicaretti
hai la tavola imbandita per
la brama della gola spendi
e spandi in quantità e che
dire della tua dispensa?
Di ogni cosa ne fai scorta
con arsura mangi...bevi
rubicondo spensierato e
in panciolle te ne stai senza
ritegno sciatto indolente
verso quella povera gente
che con lo sguardo rivolto
al cielo implorano una
mano di bontà

Invidia

Goccia dopo goccia
una flebo di bile nelle
vene si spande dilaga
nel corpo l'Invidia…
accigliato austero
l'espressione del viso
tirato sorriso dal
tormentato sentimento
che non placa una
ruggine che corrode
logora di livore
disprezzi che le
cose che non hai
e ingiustamente
insinui maldicenze
impuro sentimento
non intacca chi si
nutre di gocce d'amore
e si sente libero e leggero
di volare anima
piena di bontà

Ira

Satura l'aria
di un acre fumo
sbuffa l'anima..
sofferta vita...
respiro silente
la tua indifferenza
l'egoismo che nel tempo
hai maturato
ingoio astio
e acredine
e i miei occhi
sono rossi...
di lacrime e di rabbia
non vivo più
questo stato di quiescenza
ed ora gonfia d'ira
sono pronta
ad eruttare
dal cratere
lava incandescente...
fino a quando
mi sentirò svuotata...

Lussuria

Debole la mente…
facile preda di
mille pensieri turbinii
di vizi e giochi l'anima
ne è piena libidinosi
occhi mandano segnali
la carne freme di brama
e piaceri non la puoi
mitigare non vuoi più
vincoli una gabbia
seducente ti avvolge
sei schiavo dei vizi non
ascolti il tuo cuore
non conosci l'amore

"Ada Consoli"

Invidia

L'invidia è simile a gocce
di pece sulle ali di un gabbiano
Fastidiosa imbratta l'animo
e non ti lascia vivere
Avida si attorciglia al cuore
non lascia passare
né luce né amore
Chi vive di rabbia
astio e ostilità
sta ben lontana
dalla parola felicità
Mi hanno insegnato
che se vuoi vivere
serenamente devi
tenere lontano
l'invidia accecante
e circondarti solo
di sentimenti
davvero importanti.

Ira

E' solo un banalissimo
secondo
Sprofonda la ragione
in un pozzo profondo
Tutto si veste di nero
il sangue senti pulsare
la collera ti travolge
soffocandoti
non ti lascia respirare
Avresti voglia
di spaccare il mondo
per fortuna
che subito passa
è solo l'ira
si l'ira di un secondo.

"Vittorio De Giorgi"

Accidia

Cammino
Per le strade di Genova
Tra il buio
E una nebbia densa
Mi avvolge una
Fredda inerzia
In cielo non c'è
La mia Luna
Amica, musa, amante
a farmi compagnia
Mancano le stelle
A farmi sognare
un futuro pieno
di amore.
Mi sento solo
e pieno di noia
D'improvviso la nebbia
si illumina
fa capolino
la mia Luna

L'avaro

Mi sfamo dell'avarizia
dormo beatamente
Su un cumulo di denari
conto e riconto per il mio
domani giammai nessuno
riuscirà a portarmi via la
mia roba nemmeno quando
sarò morto stecchito

Gola

L'ingordigia della gola
----- E' ------
la bramosia del potere,
la gola degli insaziabili,
l'avidità del possesso.
Le voragini del peccato!

Invidia

Non mi reputo un ragazzo
invidioso anzi...
Amo la vita per quello
che ho e credetemi anche
se avvolte mi sento penalizzato...
come se mi avessero rubato
un pezzo del mio cielo,
riesco a vederlo lo stesso
nella sua immensità.
Non potrei mai essere
invidioso degli altri,
io amo gli amici,
le persone che
mi stanno attorno,
l'invidia è logorante
è malvagia....
no, non fa per me !

Ira

Mi intrappola
la rabbia in una
tempesta dei sensi
mi sbatti come un'onda
sugli scogli
Batte
il cuore sempre più forte
togliendomi il
respiro mi sento morire
Soffia
il vento impetuoso
portandosi via
la mia ira con un volo
ad ali spiegate
come quelle di gabbiano.

"Silvia Fornoni"

Accidia

Non ti conosco

Accidia???
Non so cosa tu sia
Ho sempre voglia di fare
viaggiare e sognare
Il mio mondo è in continuo fermento
Se non faccio qualcosa
Non sono contenta
La mia natura
è una giostra di felicità
Dove regalare solo positività
In fondo che male c'è
A sognare quel che a volte non c'è
Rende tutto un po' speciale
E' l'apatia il vero male
Sempre soddisfatta io sono
Mi accontento di un sorriso
Che sempre dono
Sono sempre in movimento
Questo è il vero talento
Non mi annoio
E Qualcosa sempre invento
Accidia non fai per me
Non voglio sapere nulla di te

Avarizia

Impara a donare

Insaziabile
Voglia di possedere Tutto
Senza donare mai
Senza condividere una parte di te
Ti circondi della tua solitudine
Nutrendoti della tua avidità'
Togliendo il respiro alla tua essenza
Non ti accorgi di quanta amarezza
Aleggia Intorno a te
nella tua incolmabile sete di potere
Solamente il vuoto
Ti sei creato un impero
senza fondamenta
Perché nato dalla tua incapacità di donare
Un tesoro inestimabile
senza alcun valore
Un luccichio indefinito
Finto oro nelle tue mani
Che mai stringeranno
Il vero valore della vita
Se non allarghi i tuoi orizzonti
Impara a donare te stesso
Allora si che sarai ricco
Della dote più preziosa
La generosità di essere
Un essere generoso

Gola e avidità

No questa volta
devi dire no basta
a questo impulso
che assale la tua
voglia di divorare
ogni cosa che vedi
e di buono sa senza
mai gustare appieno
il suo sapore vuoi tutto
e prendi tutto per poi
pentirtene ogni volta
non sfamare la tua
fame con il cibo
dell'avidità impara
ad amarti e a concederti
il lusso delle piccole
cose fatte con il cuore
anche la tua gola ti
ringrazierà perché
assaporerà il gusto
della giusta misura
imparerà a condividere
e tu ti nutrirai dell'amore
nel dare agli altri ciò di
cui hai abusato senza
necessità e per la
prima volta imparerai
a gustare il vero
sapore della vita

Invidia

Complicata creatura
Ti aggiri tra i meandri
di una selva oscura
Non ti accorgi del male
che puoi fare A chi ti gira
intorno e si dà da fare
Osservi il mondo e ti
permetti di giudicare
Ogni persona, ogni gesto,
ogni affare Vorresti anche
tu ma non puoi e la rabbia
sale per gli errori tuoi non
siamo certo tutti uguali
ma sicuramente siamo
esseri speciali allontana
il tuo risentimento vedrai
che ne gioverà anche il
tuo portamento non
abbassarti ad imprese
assurde e difficili sii
serena ed abbassa
i fucili non sparare
contro ciò che in realtà
apprezzi anche se
ti sembra di non farcela
perché tu non hai i mezzi
in realtà molto puoi fare
impara ad amarti per poter
amare guardati allo specchio
con occhi diversi spariranno

i tuoi istinti perversi sarai
invidia per poco ancora e
darai spazio ad una nuova
ora quella dell'ammirazione
per te stessa e tutte le persone.

Lussuria

Ho sognato ardentemente
il tuo corpo ho immaginato
di averti tra le mie mani e
di fare di te tutto ciò che
desideri e che io desidero..
insieme alla ricerca dell'oasi
del piacere attraversiamo
come ladri labirinti
sconosciuti esploriamo
nuovi orizzonti lasciando
cadere ogni barriera...
Il mio corpo cerca calore ...
Passione ... Brividi invadono
il mio essere ... i miei seni
attenti come guerrieri cercano
rifugio tra le tue possenti mani ...
La mia voglia si fa prepotente
e come onda si infrange sulla
tua roccia dove il mare accarezza
i tuoi sensi ed i miei

Superba creatura

Tu superba creatura
con sguardo altezzoso
guardi dall'alto verso
il basso
Con arroganza ti innalzi
a ciò che in realtà non
sei percorri strade
serpeggianti tortuosi
sentieri pur di arrivare
dove vuoi Osservi chi
a fianco ti cammina e
con fare di chi è migliore
di tutti acceleri il passo
cercando di sorpassare chi
è davanti a te ed incurante
di chi lasci indietro
Sulla mia strada non
ti ho mai incontrata forse
perché amo le strade dritte
Non attiri la mia attenzione
ottieni la mia indifferenza
per me sei inesistente
Percorri inconsapevole
nella tua superiorità
la strada dell'inferiorità
e non ti accorgi che così
facendo a restare
indietro sei tu.

"Francesca Agnese Giallongo"

Accidia

Preso d’accidia,
non vedi ne senti nulla.

I tuoi sensi inerti
chiudono gli occhi alla gioia.
Solo di noia ti fai morire
senza accorgerti che il
mio cuore ti potrà donare
gioia come quando l'alba
abbraccia il tramonto

Avarizia

Indifferenza...
nell'avarizia totale
una mano tesa non costa niente...

Quel giorno
ad un povero cane
era morto il suo amico prezioso...
aveva avuto tutto con lui accanto
ma adesso era solo.

Passavo di lì per caso
lacrime luccicavano come stelle
e lì ... vedevo mare e cielo
nelle profondità di quegli occhi
colmi di bellezza profonda
che chiedevano solo un poco d'amore

Ha tremato il mio cuore
specchiandosi in essi
Era li...
un mucchietto di pelle e ossa
che come uno straccio tremava,
solo un tozzo di pane e acqua chiedeva.

Passavano tutti
con indifferenza senza alzare lo sguardo
con avarizia tremenda
Mi guardavano nel profondo
Con occhi di cielo

...scodinzolava già per me
che gioia
una carezza era bastata
per veder luccicare
un mondo d'amore senza avarizia.

Gola

Invento un amore
Come avessi la febbre
cammino invasata ho
fame ho sete la mia
gola arde anche il mio
cuore, mangio di tutto
bevo per spegnere l'arsura,
come sonnambula
in giro vado, il frigo
apro di tutto arraffo,
la mia bocca di te è
golosa dei tuoi baci
ardenti carezze e voglie.
Coccole e dolci io voglio
e amore.. il fuoco nella
gola arde son diventata
golosa senza amore perciò
inventato ho,
un grande amore

Invidia

D'accidia preso e d'invidia
verso tutti non vedi non senti
niente i tuoi sensi sveglia un
morto vivente tu sei indolente
i tuoi occhi alla gioia chiusi solo
noia muori lentamente non te
ne accorgi il mio cuore donarti
vorrei la mia gioia la meraviglia
quando nasce l'alba o si spegne
il tramonto svegliati uomo guardati
attorno mani piedi cervello tu hai
ricorda dei tuoi talenti risponder dovrai.

Paura dell'ira

Un incubo che non finisce mai
non ho mai capito
la rabbia d'una persona
come sfocia per un nonnulla.

Lo sguardo in un attimo
diventa cattivo
gli occhi perdono il controllo
è come se volessero
disintegrarti
del cuore dell'anima.

Ti guardi intorno non capisci
che succede scappi
da quell'ira strana
come un tempesta
che t'assale e ti fa male
ti nascondi per paura
di quell'irosa follia come furia
poi dopo tante ore la calma.

Ha finito di tuonare
di piovere sull'anima
ma quell'ira dentro ti rimane
per ore quel furore
danneggia il tuo Io.

Lussuria

Nel lusso di quella stanza
aspettava lui.
Lei si guardava allo specchio
la bellezza un po' svanita
il prezioso corpetto rosso
le calze si seta profumo
di marca trucco pesante
dal suo rossetto alla ciliegia
le labbra offre al peccato
pian piano i legacci sfila
di se dà spettacolo povera
donna con lussuria la guarda
l'uomo con durezza la tratta
i soldi butta sul letto sfogata
la libidine la lascia e se ne va.

Superbia

Arroganza

Alone di mistero
di superbia gonfio
arroganza pieno,
solo il suo cuore
ascoltava si sentiva
bello lo faceva capire
di egoismo puro voglio
questo io voglio quello
la bocca sempre contrita
dalla sua porta non passava
mai l'umiltà lo specchio era
la sua vita il suo amore era
la sua anima il suo stesso cuore
trattava con superiorità da un alto
pulpito padre padrone sempre
con il suo dito puntato su tutto
e tutti credevo che qualcosa
non funzionasse in me.

"Rosa Maria Giorgio"

Accidia

Giunge la notte,
al rintocco del buio
delusa spettatrice
di visioni smaniose
d'inquietudine
tingendo di grigio
il torpore del desiderio

Vagano gli occhi
Su passi silenti
d'una noia prepotente
stringendo il petto
assiderato da folate
di gelo
sotto coperte
di marmo.

Con occhi aperti
ed innocenti
sogno che la notte
finisca
per dar passo
al chiarore dell'alba

Avarizia

"Sono l'Avarizia,
Sovrana del Potere
ogni bene mi appartiene
sono un concentrato di averi
da conservare.
Non so cosa significhi il donare
ma ben accetto il ricevere"

"Mia cara Signora"
disse la Povertà "Tu sei la tirannia
dell' anima e della mia bocca
Sei un tarlo
che corrode la mente,
ed inaridisci il tuo cuore
T'illudi di possedere ma
sei soltanto posseduta
senza speranza
morirai con i tuoi averi
intatti senza goderteli"

Gola

Scruto
I tuoi occhi nel profondo
Mi chiedo il perché
dell'ingiustizia del mondo,
tutti fratelli
nati sotto lo stesso cielo
ma divisi
in due colonne di viventi

La povertà, la fame, la morte;
il benessere, l'ingordigia, la vita

Eppur, basterebbe
zittire la tua fame
con le sole briciole
dell' avida gola
dissetare la brama
della tua arsura
con piccole gocce
della sete
dell'altro fratello!

Invidia

Sentimento brutale,
malevolo della fragilità umana,
intende far paragone per
appagare il proprio animo,
ma prigioniero di condizionamento
Semmai dovesse avvenire il
paragone tra uomo e natura
si noterebbe la difformità;
Dio agli alberi ha dato i fiori
al sole la luminosità agli uccelli
la libertà ai fiumi il continuo fluire
L'invidia non farebbe vivere l'uomo
Sentimento a doppio taglio e tanto
male arreca tende a far soccombere
la vittima, a dare aridità al carnefice
Sentimento sciocco ogni persona è
incomparabile unica,
Il Divino non crea fotocopie,
ma solo originali.!

Ira

L'ira altera la nostra personalità
e se ci guardassimo allo specchio
quando in eccesso d' essa siamo,
mutati lineamenti ne avremmo paura.

Mai potrò dimenticare quella sera
uscisti di casa dopo una telefonata
concitata una corsa in macchina,
pensasti, era quella che ci voleva
per smaltire la tua rabbia accesa

come le fiamme tra la secca stoppia
d'un campo, il fuoco divampa e devasta
in un attimo tutto quanto e poi ci vorrà
molto tempo prima che quella terra
diventi fertile e rigogliosa come prima.

Poi la notizia come un boato, quella corsa
quanto ti costò, t'eri schiantata con la
macchina e tutta la tua ira ormai smaltita
contro un palo generando tanta paura.

Lussuria

In queste pareti ingialliti
dal tempo scivola
un rimpianto,
Non so dirti quel che
provavo per te,
ma so soltanto che
mi piaceva mentre
ballavamo quel tango.
I tuoi occhi assetati
di libidine passione.
cercavano la fame dentro di me,
mentre le tue braccia
mi galvanizzavano
in una morsa sensuale.
Il mio antico pudore,
il becero pregiudizio si opponeva
a quella sfrenata lussuria
che pur mi piaceva.

Superbia

T'involi per aria
con ali di cera
oltrepassando l'etere,
tutto diventa immortale.
Rapisci il tempo che scorre
ignorando la clessidra delle
ore che segna le gioie rese,
ben presso darà passo alla noia.
ad odi esasperati,
ad amori diafani.
Dovresti sapere che
non v'è vita senza la morte,
non far che il castigo
diventi eterno.

"Joseph Gorgone"

Invidia

Io T'invidio perché'
sei più bella di me!
Io T'invidio perché'
tu stai meglio di me!
Io T'invidio perché'
sei più giovane di me!
Io T'invidio perché'
sei più felice di me!
Io T'invidio, ma non
mi cambierei con Te!

"Mary Greco"

L'accidia ladra

" Pensieri grigi.
Non ci sono più sogni
Sereni nella notte.
Così credi
Perché puoi anche sorridere.
Sogni accidiosi
O pronti per farti gioire.

Urli il dolore.
Come urlare la felicità.
Ma di rimpetto
Puoi solo trovare
L'accidia.
Ladra di vestiti
Del tuo più caro amico!

Avarizia

Avarizia.
Quando qualcuno è restio
a donarti qualcosa.
Ed io so cosa significa.
Ho chiesto al tempo
Di concedermi qualche minuto in più,
In una notte dove sorridevo
Per un sogno.
Ma se n'è andato
Seguendo il "tic tac "del cucù
Appeso al muro di sala.
Avaro di tempo quel cucù.
Avare le lancette che scorrono
senza tregua le loro 24 ore.
Nemmeno un minuto in più
Per farmi vivere un sogno.

"Oreste Giulietti"

Superbia

Tu superbo ambizioso
ed arrogante, pieno di
te senza misura, eccelli
ad innalzarti, cattivo ed
egoista, ti credi un dio,
gli altri son nessuno.
ti ostini con prepotenza,
ipocrita fino al midollo.
la tua superbia diffondi,
da inquinare dove passi.
sei il peggio dell'uomo ,
sei la felce del mondo.
il tuo idolo è satana,
il principe dei superbi,
che all'inferno dio mandò,
per la sua superbietà.

"Patrizia Lombardo"

Accidia

Forse il destino
ha voluto così,
forse Dio,
mi ha messo
alla prova.
Non potrei mai
cadere nella
accidia.....
Dovrei rinunciare
ad amare,
isolarmi,
deprimermi
senza pensare
a nulla.
Io vivo la realtà,
come potrei non
aver bisogno di
nulla,
sarei una povera
infelice,
una miserabile,
cieca e nuda
di me stessa!

Avarizia

Io non potrei
vivere
così,
ma non ti
senti
prigioniero
di te
stesso?
Smettila!
Sei ridicolo,
insaziabile,
ossessionato
dal possesso.
Morirai da solo,
imprigionato
dall' incapacità
della tua Anima,
di darsi respiro.
Controlla i tuoi
istinti,
il tuo desiderio
di avere,
ti ucciderà'...si,
rimarrai vuoto,
nel cuore !!!

Gola

Soffermati a pensare,
non c è viaggio del tuo
intelletto che non abbia ritorno.
Perché ti comporti così.....
Bisogna amare il prossimo,
sfiora con il pensiero chi muore
di fame vivendo di briciole
raccolte qua e la... Non saziare
il tuo egoismo, nella strettoia
della gola.... Come puoi !!

Invidia

Va via di qui
tu per me non esisti,
sei spietata, insaziabile,
traditrice, non guardi in
faccia nessuno, divori con
voracità tutto ciò che non
ti appartiene, ma che
vorresti fosse tuo...
Non riesci a rassegnarti,
non muori mai, va via....
io non ti apparterrò mai.

Ira

Non ho più
un
volto,
un corpo....
me li hai
strappati
Sono furiosa,
le lacrime mi
stanno
uccidendo,
non riesco a
rassegnarmi,
l 'idea di
perderti mi
spaventa,
ucciderei
il mondo
intero se
potessi
riaverti,
come faccio
a placare la
mia ira......,ho
speso tutte.
le mie forse.
Appettami....
scavalcherò
i più lontani
monti del
Paradiso

costruito
per te....
Mi sto
calmando
la rabbia è
passata.
Ti amo.

Lussuria

Non ti amai per
come avrei dovuto !!!
La tua veste, i tuoi
accessori, i tuoi gesti,
la musica di sottofondo,
le luci soffuse,
mi distolsero
dal tuo cuore,
amai intensamente
il tuo corpo come
fosse un 'oggetto,
ti chiedo scusa,
non riesco ad amarti
in altro modo,
non c 'è intesa tra noi,
solo due corpi che non
troveranno mai,
le loro Anime.
Perdonami, io non
sento il battito
del mio cuore !!!!

Superbia

Non c è posto per te
nella mia vita,
vai via, ti odio !!!,
sei squallida,
vorrei gridarlo a tutti,
tu per me non esisti.
Vivo nell' umiltà,
nell' umiliazione
di chi non conosce
determinate malattie
come quella di mio figlio,
di chi ci guarda come se
avessimo la peste,
mentre loro dentro
il cuore hanno solo
un freddo agghiacciante
e solo tanta superbia...
no....non potrei mai
cadere tra le tue braccia,
scordatelo !! io vivo in
funzione degli altri,
io mi relaziono con
gli esseri umani, io ho
bisogno di loro !!
Non potrei mai
chiudermi in me stessa,
nella cecità dell'Ego,
no....io non sono migliore
di altri, vivere nell' assoluta
convinzione di essere superiori

agli altri, è assurdo, mi fa star

male e mi tocca il cuore
solo il pensarlo, se un giorno
dovessi cadere nella superbia,
giuro che mi odierò fino
alla fine dei miei giorni !!!

"Rita Lo Monaco"

Accidia

Nata Stanca

Io sono nata stanca,
voglio vivere per riposare
accidenti…
non mi svegliare,
a che serve fare i lavori!?
Andare al mercato,
già son stanca di
essere nata, è tanto
bello riposare,
in cucina non voglio
entrare, e poi dover
cucinare, piatti sporchi,
da lavare?
Ma tu sei pazza!
Lasciami stare,
un letto un cuscino
da abbracciare,
e solo questo che
voglio fare.

Gola

Dietro la porta aspetto che
si apre solo per il profumo
che potrà uscire ingorda con
la gola arsa tanto tormento
non voglio patire, aspetto la
sorgente d'acqua pura per
dissetare questa mia arsura.
Graffio con rabbia quella porta
che non s'apre perché la gola
più aspettar non vuole, lividi
sono ora nelle mie mani perché
il cibo lo prendo da sola, ha troppa
fame ormai l'anima mia che metto
in gola quello che rimane
Ho messo in volo la mia fantasia,
solo in questo trova ristoro la gola mia.

Invidia

Invidio te perché
sei al suo fianco
invidio il suo mare
dove va a navigare
invidio le stelle
che le indicano la
via e di notte le
fanno compagnia.
Invidio il sole
che l'ho sveglia
invidio lei perché
è più bella, invidio
lei perché l'ama.
invidio perché con
lui non posso sognare,
una spina dolente è
l'invidia mordente ti
entra nel cuore e paragoni
il tutto e il niente non
ti accorgi che anche
a parlare resti da sola
e non sai più amare

Ira

Rabbia funesta,
devastato hai
la mia anima,
come uragano hai
trascinato via,
i miei giorni felici,
dolci giorni tu
demente Ira,
quei giorni hai
spazzato via, giorni
d'amore passati
insieme a lui
hai fatto svanire
Io irata non l'ho
ascoltato
ha giurato, parlato,
ha spiegato, ma
io sorda, solo l'ira
ho ascoltato,
Lei era la sorella,
io non la conoscevo.

Lussuria

Desiderio

Un richiamo accattivante
il tuo sguardo languido già
assaporo il tuo desiderio,
la tua bocca tremante
accarezza la mia pelle,
il calore delle tue carezza
infiamma il mio corpo la tua
bocca sparge amore in ogni
piega del mio corpo, e nel
sublime attimo del tuo
amplesso come candela accesa
mi sciolgo in te

Superbia

Scusami signora ti parlo
con creanza vedi fuori
c'è freddo ti offro
la mia stanza,
Io non posso entrar
misera pezzente non
sono abituata alle stamberghe,
scusa mia signora allora
un po' di vino e molto dura
fuori fino al mattino,
Allor non capisci,
screanzata no mi abbasserò
mai al tuo livello, potessi
qui morire screanzata,
scusate mia signora
mi chiamo Carità,:
Capisci perché non
abbiamo affinità,
il mio nome e di grande
rilevanza, mi chiamo
Superbia spero che avanza.
La mattina al gelo appena
svegliata, Carità trova
Superbia tutta congelata

"Marina Lovato"

Avarizia

Il peccato quotidiano

L'uomo divora l'amico denaro
per il fottuto bisogno di avere il superfluo.
L'uomo si ciba di quel Dio
che prega durante la messa
e bestemmia sulle scale della chiesa.
L'uomo non sa rinunciare al pane
e al vino in tavola in compagnia
di una televisione sempre accesa.
Anche l'uomo che non vuole è peccatore.

"Salvatore Pasquale"

'A gola

'Na canzona allera faceva accussì,
È bello 'o magnà è bello 'o magnà,
favurite ca ve voglio cunzulà e chist'invite
addivintava po n'elenco e 'nu menù ca
nun ferneva maje. In fondo è bello a magnà
bbuone e soprattutto assaje partenne
all'antipaste,ddoje bruschette prusutte
e mozzarelle, alice marinate e purpetielle
ddoje zeppulelle 'e mare e cecenielle.
E vino ca accompagna st'antipaste russo,
janco e che percoche e t'appripare 'a panza
p'accummincià a magnà. Ancora?
Vuje diciarrate,ma chiste tene 'o sfunno
E mentre s'apettava 'e maccarune 'mbuttunate
llà,'nmiezo a via ce sta chi guarda e sente sulo
addore, desideranne almeno 'o pane viecchie.
Ma nun se sazzia mai sta famme e affonna sta
furchetta dinto 'a stu piatte, e cumme si nunn'avesse
mai magnate e ingordo cumme maje se chiamma 'na
custata arruste e 'na frittata, po doppo me purtate,
'nu fritto 'e pesce e 'na 'nzalata 'na spigula lessata,pe
me tenè liggiere Si no nun me magne 'e cuntorne e
po' è peccate… e chella panza ca quase scoppia allarga
'e buttune 'da cammisa e fora ce sta chi ha perzo ormai
'o sorrise. Chi tutto e chi niente cheste è canzona vecchia
ca 'a sempe cumanna 'a ciorta 'e chistu munno e
si ce sta chi desidera 'o pane esiste chi magna pe
sullazzo e se ne fotte e chi se more 'e famme e 'o
puveriello penzanne 'o magnà cu li penziere vola
mentre l'ingordo s'abbandona a s'abbuffà la Gola..

Lussuria

Je nun m'arricordo
Addò ferneva ammore
e addò accumminciave
chella passione.. e chella freva.
Ca nun se ferma maje finchè
nunn' astrigne , chelli mmane
chillu pietto, e chelli cosce ca
siente a te azzeccate cumme 'na
mosca 'ncoppa a gocce 'e miele.
E doce cumme 'o miele erane
'e vase e l'anema era 'na schiava
e chelli rispire forte e chella voglia
e addivintà 'na cosa sola
Fino a fonnere 'e cellule
cumm'a metalle ca co calore
se lega pe sempe e nu la sciuoglie cchiù.
Ma doppo chilli mumente ca 'o fuoco
se ne fujette spaventate, turnaje a
guardà l'uocchie e Lucia e avvolta
ancora dint'e lenzole 'nfose e passione
le dicette, aspiettame ca torno.....

"Mimma Pascazio"

Accidia

Tacciono oggi
i miei pensieri
racchiusi in un angolo
del mio cuore fattosi
fredda scatola chiusa.
Solo silenzio:
né felicità, né tristezza
né gioia, né dolore
né nostalgia, né amarezza
né desiderio, né apatia
e quel ch'è peggio...
né calore, né amore.
solo silenzio, indifferenza
e vuoto ...un gran vuoto
dentro e fuori di me.
Tace il mio stanco cuore
freddo, indifferente,
continua a battere,
mero meccanismo
senza calore, senza amore.
Guardo il sole,
ma non mi scalda...
guardo il mare,
ma non mi parla...
sfioro a piedi nudi
la madre terra,
ma non la sento,
non la vivo,
non la tocco!
Nulla mi smuove

nulla m'interessa.
noia? non so cosa sia...
Solo un gran vuoto...
Vuoto e basta
in cui s'annulla
l'animo mio.
Ma in questo assoluto
silenzio di me, anzi
in questo sentirmi nulla
avverto uno strano
sottile piacere. Il vedere
che tutto si muove,
che tutto procede
senza di me, fuori di me
fa sorgere una strana
comoda pigrizia
un desiderio di stare
a guardare senza
dover intervenire, senza
dovermene preoccupare…
senza…E mi piace….
E' questa l'accidia!?
Una sorta di pigrizia
piacevole che non ti
fa agire , vivere…
Un modo di lasciarsi
scorrere addosso la vita,
gli affetti, tutto senza
sentimenti, senza volontà…
senza….No , devo smuovermi
io voglio vivere ed essere
protagonista della vita!!!

Avarizia…

Mi trovo in gran difficoltà,
avarizia , a parlare di te
forse perché sei così lontana
dal mio mondo, da me.
Non comprendo quest'ansia
d'accumulare denaro,
beni materiali su beni e non
per rendere più piacevole
l'esistenza a sé ed agli altri,
ma solo per assurda,
insaziabile voglia,
per il piacere del possedere
per il possedere ed una vita grama,
stentata agli altri
ed anche a se stessi concedere….
No, davvero di te, avarizia,
non riesco a parlare …
Ma quanta carenza d'Amore
forse quest'insana tua voglia nasconde????
Ringrazio solo il Signore d'avermi
colmata d'Amore, della capacità
e volontà d'aiutare e di parti,
di gocce di me agli altri riuscire a donare !

Ira

ed è proprio per l'Amore per la vita, per Tutti gli esseri viventi, per la natura che talvolta, (ma ora sempre più spesso) vengo assalita da una vera , profonda, incontenibile ira che mi fa urlare

Grida!!!

Grida mia anima, che' io son stanca!...
Non ho più fiato né voce....
grida per quella donna spenta, soffocata,
usata, violentata ,ammazzata ogni giorno ....

Grida per quel bimbo dimenticato, non
amato, abbandonato, affamato, abusato,
per quello mai nato e quello che va soldato
in una trucida guerra per una terra che ormai
è tutt' altro che una serra.....

Grida per quel nero, quel bianco "diverso",
giallo, rosso scarlatto che son disprezzati,
allontanati, e persino ammazzati...

Grida per quel cane che desidera amarti e
per tutte le creature indifese che vengono seviziate,
uccise per cruento divertimento, per un collo
di pelliccia, per false ricerche o per un piatto gustoso.....

grida ancor più per questo nostro mondo
sfruttato, distrutto, contaminato, per
dissennatezza mentale e sete d'illecito guadagno....

E grida al politico ingordo,
insozzato di sporco danaro
e di sangue di chi non ce la fa……
e per chi spera , ingenuo,
in un cambiamento che mai ci sarà,
...perché in questa
terra la cupidigia, l'efferatezza
sono più grandi e potenti
dell'amore, della bontà, e solidarietà……

Grida, anima mia, tutta la mia rabbia
al vento, al mare, al Cielo, alla Madre Terra
e lancia pioggia di lacrime e sofferenze
sugli ingiusti che le hanno procurate
perché finalmente le "vedano" e ci sguazzino
fino ad esaurire la loro ingordigia...

Sì la mia rabbia impotente vorrei poter urlare .....
"sì sento" di dover urlare.....
ma sono ormai stanca...

Lussuria.

Irrefrenabile, insaziabile
ricerca di un assoluto piacere
fisico in un continuo avvinghiarsi
possedersi e giochi di corpi
mai veramente soddisfatto….
Rapporto puramente carnale
in cui l’altro è mero strumento,
oggetto del proprio desiderio
e piacere.
Paradiso ed Inferno
in cui l’animo
e si danna senza mai
trovare vera pace!!!!

Superbia

Favola…. Ma non troppo.

Camminava canticchiando serena l'Umiltà per colli e valli in fiore, per monti e mari, amica di chiunque sulla sua strada incontrava, a cui un saluto, un sorriso, una carezza, un fiore e tanta Luce ed amore lei con dolcezza donava. Lungo una stretta strada di montagna, una bella stella alpina fra le rocce lei trovò e per coglierla ed ornarsene felice s'inchinò.... "Ehilà! Chi siete voi che il passaggio a me ostacolate?? NON SAPETE CHI SONO IO!!!! Presto sgomberate!!!!!!! "una cupa, tracotante vociona così, aspramente, l'interpellò. L'Umiltà sorrise, la stella alpina le donò e per farla passare subito si scostò.... Ancor più tronfia e gonfia la Superbia il dolce dono con disprezzo ricusò .... e veloce, con sguardo altezzoso e trionfante il suo cammino continuò..... Nello scatto un piede mise in fallo e nell'orrido burrone precipitò…… Tutta la valle d'un gran boato del gran pallone troppo gonfiato, e per l'urto scoppiato, risuonò!!!!!!.... Morale: basta davvero poco alla Superbia, velleitaria, arbitraria sopravvalutazione di sé, che guarda ogni persona e cosa dall'alto in basso, con visibile disprezzo, per commettere un errore e come un pallone troppo gonfiato miseramente scoppiare!!!!

"Francesco Luca Santo"

Avarizia

A mano chiusa ulula
Un dolore che spiazza
Spezza chi di dolor muore
Tendendo mani a chi di
Tutto nulla cede

Lussuria

Occhi aperti su
un prato dove le
rose sono corpi
di pietra avidi
essenziali su un
passo d'amore

Superbia

Mele marce cadute
dall'albero partorite
in grembo avido
di tempesta che
sbatte su schiene lisce
prese dal freddo
ai piedi di una
vittima innocente

"Otello Semiti"

Avarizia

Perché?
Spesso mi domando cosa
un cuore avaro, può non
recar sentimento a chi di
tanto soffre e subisce il
sentimento, accarezzando
il pentimento.
Avaro di tutto, di tanto,
di spiccioli e di umori, di sorrisi,
di parole, di grandi denari.
Avaro del tempo non ti muovi
per non perdere l'istante,
catturi l'altrui sentimento
relegandolo in un buio
nascondiglio, un frammento
della tua mente al riparo
del tempo.
Avarizia ne hai fatto un
comandamento, adorando
il peccato che rechi dentro.

Invidia

*Percepivo il tuo essere
così tanto diversa, da
maledire il tuo esistere,
tu che con il tuo logoro
modo di fare distruggi
il mio vivere. Invidia di che?
Non ve ragione di tessere
una tela da ragno sornione.
Colpisci le mie spalle, denigri
il mio fare, il mio dire, il mio
campare. A nulla ti valse il
così tanto invidiare, ti
offusca anche il ricordo
del Giudizio Universale.
Invidia ti voglio odiare.*

Ira

Ti squarcia la gola
un urlo rantolante,
trasmette paura, il
gesto della mano
si abbatte su un
corpo inerme al
destino di un pazzo,
accecato dall'ira, in
cerca di un presunto
ingiustificato misfatto.
Ira a chi servi?

"Meluccia Stella"

Accidia

Un Cuore rotto…

Per parlare volevo aprire il mio Cuore,
come un soffio mandavo via le parole
e col mio freddo valore volevo
solamente urlare alla vita.
Cadevo come un petalo appassito
e le parole erano sempre quelle: che noia, sono triste!
Tutto pareva scivolare persino
il colore delle rose erano
senza protezione.
Tutto cadeva per terra...
Erano i rimpianti di una vita mai vissuta,
cosi senza vedere la luce delle stelle mi
si poneva una vita nuova avanti al mio
sguardo perso, erano boccioli pieni di Gioia.
La vita si sollevava al vedere un tramonto,
un porticciolo si apriva e la mia barca
volava verso terre lontane.
Era la vela del mio pensiero,
si apriva in altri orizzonti,
era la mia vita che si apriva al Cielo....

Gola

Il Cuore Aperto dona
Gioia alla vita stessa,
pone un colore di pieno rispetto.
Poi si vede il piccolo Cuore
che perde valore se si posa
solamente il proprio Egoismo.
Ci sono giorni pieni di Gioia
e altri tristi, ma la vita si
colora se doni con rispetto.

Invidia

Adesso sorrido al Cielo

Come un tuono cade giù il
senso dell'invidia, è come
un tamburo che progredisce
nel senso contrario, si
nasconde a delle false
insinuazioni portando
solamente odio.
Il Cuore è sereno se
si sorride al percorso
della vita, creando un filo
di logica e senza abbattere
l'ignoranza vorrei dire che
l'invidia è uno scarso valore
che rompe il rapporto
con L'amore. Ti amavo come
amica, ti vedevo come una
sorgente aperta e ridevo con
te e insieme eravamo felici
e pieni di gioia. Poi un suono
è caduto alle mie orecchie,
vedevo te che rompevi la mia
quiete e in silenzio andavi via...
Cosa era Amore o dolore posato?
non lo sapevo cosa era. così mi
fermai a pensare e sentivo dolore,
eri tu che avevi rubato parte del
mio sorriso, ero come smarrita
e piangevo, poi il silenzio diventò

mio amico e col Cuore rotto non
capivo perché. Adesso sorrido al
Cielo e con Amore dico:
Grazie per questo passaggio
di vita e oggi siamo ancora
vicini come lo eravamo prima,
senza una parola tutto è stato
sepolto ed io sono felice di averti
ritrovata, ti voglio bene amica mia.

Ira

E per colpa della velocità
che si acquista la falsa volontà,
come un fulmine arrivavano le parole...
Era un giorno pieno di Sole
ma poi qualcosa cambiava,
forse la volontà della presunzione
o qualcosa che pervadeva la sostanza
della Crudeltà,
si vedeva una mano alzare
contro una piccola Bimba.
Era una figura anziana che correva
per prendere la sua piccola,
non per fare una carezza
ma per strappare i suoi capelli
per l'ira che aveva dentro il suo Corpo.
La Bimba Urlava e chiedeva aiuto!
Poi come se un urlo fosse stato accolto
e in quel preciso istante
un passante fermò quella mano,
Cosa stai facendo a tua figlia?
è stato dolore e paura,
una bimba si era bagnata
dalla paura e quell'uomo era arrabbiato.
Non so perché volesse urlare
ma il cuore di quella bimba
era pieno di amarezze.
Nonostante la sua Crescita
tutto pareva essere sogno,
persino la vita che volava
come un Aquilone direzione Cielo.

Lussuria

Un percorso di Vita

Alla nascita dell'argomento
una visuale che mi porta alla
parola Lussuria. Un colore di
scarso valore vedere luccicare
falsi valori come se fossero
briciole di Miseria infantili.
Tutto scorre come il vento
pare che un cuore si chiude
nel vedere come ricchezza
solamente la falsità. Uno stile
di vita Arrogante ove privilegia
il senso del potere e uno scarso
sviluppo, vedere brillanti
attaccati sopra la pelle e
tanti colori falsi come valori
di vita. Brillano le mani
che sono pulite e piene
di carezze, Brilla il sorriso
posto con Amore Naturale,
cosi come un piccolo omignolo
il metallo diventa polvere e il
sorriso, oro e luce vera!

"Cesare Tibaldi"

Avarizia

Solo tu puoi toccarlo
Solo tu puoi vederlo
D'altra parte è tuo
Apri lo scrigno,
Ami fartelo scorrere tra le dita
Ah che goduria, è tuo solo tuo,
E' il tuo denaro!

Gola

Una disputa in bocca
tra lingua e palato,
l'inizio di un piacere
e un desiderio opulento,
riempirsi la bocca e la pancia,
ma no, non per fame,
per ingordigia

Ira

A muso duro
e pugni chiusi
cosi ti manifesti
Sbraitante con
voce rauca inveisci
e bestemmi
Mistica nel prode
Achille ti tramutasti
in violenza

"Kitty Vinciguerra"

Lussuria

O mia folle lussuria,
carica di erotica
seduzione Sei l'anima
della mia vita e...
sempre alla ricerca
di nuove emozioni
Sospiro trepidante
al desiderio di due
labbra che
lambiscono il tutto di me
O lussuria, che cerchi
irrequieta tutto ciò che
il corpo desidera e...
finalmente appagata
ti acquieti per poi
ricominciare a farmi
ancora SOGNARE.

"Cristian Verdesca"

Regina avarizia

Ti fai strada tra le sorti
della umile gente,
traendo gli ultimi spasimi
della loro esistenza;
adornandoti di zimarre dorate
che abbracciano con forza
la tua ricchezza…

Resti e sarai
la Regina Avarizia

Lussuria

Tu donna,
con quel tuo modo di fare
sottile e passionale .
Mi scruti con quegli sguardi ammalianti.
rigirandoti nuda su quel letto disfatto,
mentre la Luna piena
accarezza le tue grazie feconde .
Sorrisi maliziosi ti si disegnano in volto,
cacciatrice di giochi carnali
o preda di uomini lascivi.
Mi fermo dinnanzi
al tuo richiamo lussurioso,
ma il mio fermento,
tradisce la mia sete casta .
Vorrei stringerti, possederti, farti mia,
ma tu ti allontani e per me
rimani solo un sogno.

Superbia

Scavare tra
gli abissi dell'odio
l'insana smania di
eccellere tra la
sapiente ragione di
essere qualcuno.

Finito di stampare
Nel mese di novembre 2013

Lulu Press
3101 Hillsborough St.,
Raleigh, NC 27607 | U.S.A.

www.ingramcontent.com/pod-product-compliance
Ingram Content Group UK Ltd.
Pitfield, Milton Keynes, MK11 3LW, UK
UKHW020127250726
13967UKWH00002B/512